NOUVELLE LETTRE

DU CHEVALIER DE L'UNION

A M. LE VICOMTE DE CHATEAUBRIAND,

SUR SA NOUVELLE PROPOSITION;

IMPRIMERIE DE Mme. V^e. PERRONNEAU,

QUAI DES AUGUSTINS, N°. 39.

NOUVELLE LETTRE

DU CHEVALIER DE L'UNION

A M. LE VICOMTE DE CHATEAUBRIAND,

SUR SA NOUVELLE PROPOSITION;

Suivie d'une Analyse du TABLEAU POLITIQUE
DE L'ALLEMAGNE, par SCHEFFER.

*Tu videlicet flammeus, immo
Fulmineus, qui in loquendo fulminas.....*

(S. HYERON. Apolog. 2ª., adversus
Ruffinum.)

A PARIS,

CHEZ { PLANCHER, libraire, rue Serpente, nº. 14;
DELAUNAY, libraire au Palais-Royal.

26 Déc. 1816.

AVIS

AU LECTEUR.

———————

JE signe cette Lettre du même nom que j'avais apposé au bas de ma première Lettre du 23 septembre dernier. En publiant un pamphlet pseudonyme, je suivais l'exemple d'écrivains très-célèbres, et je me conformais à un usage très-répandu dans les Académies d'Italie, surtout pour des écrits de circonstance, et sur lesquels on n'a pas le projet de fonder sa réputation. Mais M. *de Châteaubriand* ayant donné le nom de *libelles* à plusieurs des *Réponses* qui lui ont été adressées, je crois devoir soustraire mes Lettres à cette qualification injurieuse, en m'en déclarant l'auteur.

J'ai l'espoir qu'on ne trouvera point dans ces écrits le caractère de *libelle*, et je les signe pour en répondre.

Le Général AUGUSTE JUBÉ,

BARON DE LA PERRELLE.

P. S. M. de *Châteaubriand* affecte de dire qu'il ne lit aucune des réponses qui lui sont adressées. Ce serait une faute très-essentielle contre la *tactique :* quelque méprisable que soit l'ennemi, encore faut-il s'occuper de défendre les points contre lesquels il dirige ses efforts. Mais on peut se rassurer, et ne regarder cette assertion que comme une espèce de *prétérition* de rhétorique. En effet, chacune des nouvelles productions de M. le Vicomte décèle une aigreur dont on ne pourrait attribuer le rapide accroissement à la contemplation exclusive de ses propres ouvrages. Assurément en lisant *Fontenèlle*, on ajoute foi à ce qu'on

nous raconte de son insensibilité ; mais *Voltaire* pour-
rait-il jamais nous faire croire à la sienne ?

Nous ne recourrons pas à la même figure que M. de
Châteaubriand, et nous conviendrons que nous le lisons, espérant, chaque fois, retrouver l'auteur qui,
en étonnant le goût, sut plaire à l'imagination. L'imagination et le goût sont également satisfaits des deux
beaux paragraphes des pages 31, 32 et 33 de sa *Proposition*, et nous nous plaisons à rendre cet hommage
à l'auteur, au lieu de nous occuper à l'opposer à lui-
même dans cette profession de foi si différente de
celle du mois de septembre dernier.

Mais pour prouver combien ceux qui recherchent
sincèrement la vérité, doivent être embarrassés dans le
choix de leurs guides, dès qu'ils croient en pouvoir
suivre d'autres que *le Roi et la Charte constitutionnelle*,
lisons ce qu'écrivent, *au même moment*, M. le Vicomte
de *Châteaubriand* et M. le marquis *Ducrest*.

Le premier s'écrie :

« On dit tout haut, cette année, que nous ne sommes
« point faits pour un gouvernement constitutionnel ;
« qu'il faut nous conduire avec des ordonnances.....
(page 31).

« Les hommes d'un caractère noble, d'un esprit
« élevé.... ne veulent pas que le gouvernement repré-
« sentatif en France soit un vain nom.... La *Charte*,
« toute la *Charte*, sans arrière-pensée, sans suspension,
« sans restriction, voilà ce qu'il nous faut... (p. 33).
« Si on pouvait impunément violer les principes de la
« *Charte*, nous arriverions au despotisme pur......, au
« despotisme ministériel, le pire de tous (page 34).
« *On n'arrête pas les progrès des choses :* les principes
« politiques de la *Charte* resteront, *en dépit de ce*
« *qu'on pourrait faire pour les détruire. Mais on peut*
« *troubler l'Etat en les attaquant ;* on peut perdre le
« Gouvernement *sans réussir à vaincre le siècle.* Lors-
« que le bras de fer du dernier tyran n'a pu tenir ter-
« rasée *l'opinion publique,* lorsqu'il n'a pu l'enchaîner
« dans sa gloire, serait-ce les faibles mains de quelques
« agens obscurs qui pourraient la retenir.....? »

M. le marquis *Ducrest* :

« Osons le dire, *le peuple est né pour la servitude.....*
« (page 23). Le principe d'un gouvernement repré-
« sentatif est faux..... (page 138). *Absurdité de l'exis-*
« *tence d'un Corps Législatif....* (140 et suiv., et 190.)
« Je ne crains point de l'affirmer, *l'adoptiun de la Charte*
« *serait très-funeste.....* Des écrits et des *ordonnances*

« suffisent. On ne peut gouverner sagement la France
« que par le plein exercice du *pouvoir absolu* d'un
« seul... (151) ».

M. le vicomte proscrit le ministère de la police : M. le
marquis ne trouve aucune institution plus indispensable........, etc. etc. etc.

Il faut que le brouillard soit bien épais pour que l'é-
lite d'une armée tire ainsi sur elle-même à brûle pour-
point.

Eh, messiuers! quittez le marais où vous vous escri-
mez, gravissez sur le plateau où se trouve planté l'é-
tendard royal ; l'horizon éclairci vous laissera découvrir
au loin le peuple français *rangé d'un même côté,*
toutes les armes en faisceaux, toutes les mains élevées
vers le ciel, et toutes les voix exprimant le même vœu
pour la France, pour le Roi et pour sa famille.

M. le marquis *Ducrest* parle de *la reconnaissance
hypocrite* d'un grand nombre de mécontens. Il faut
bien mal apprécier la reconnaissance, pour lui donner la qualification d'*hypocrite* à une époque où, en
se manifestant, elle a tout à craindre et rien à espérer.
L'hypocrisie est trop habile pour aller se mettre en si
dangereuse compagnie. Pourquoi ne la verrait-on pas

N. L. du Ch. de l'U. 2

plutôt sous le masque de ces ingrats qui, pour plaire aujourd'hui, se sont plongés dans le *Léthé*, et qui affectent de confondre, dans un même chaos, la gloire et les revers, la grandeur et l'exagération, les beaux jours de la Patrie et les noirs orages qui les ont obscurcis : semblables à ces dissipateurs qui, s'étant déshérités eux-mêmes, croient avoir acquis le droit de demander l'aumône? Ah! si vous rencontrez quelque part la reconnaissance noble et non aveugle, généreuse et non rebelle, gardez-vous de la flétrir. Servez-vous-en pour épurer les mœurs publiques, et pour rappeler, au milieu de nous, cette antique loyauté, caractère distinctif de la Nation Française, et base inébranlable de l'autorité tutélaire de ses rois. S'il existe des cœurs assez grands pour pardonner en silence au bras qui les a déchirés, sur combien de dévoûment et d'amour de leur part ne doit pas compter la main royale qui s'occupe, sans cesse, de cicatriser leurs blessures, et de verser un baume consolateur sur les plaies de la Patrie?

NOUVELLE LETTRE

DU CHEVALIER DE L'UNION

A M. LE VICOMTE DE CHATEAUBRIAND,

SUR SA NOUVELLE PROPOSITION;

Suivie d'une Analyse du TABLEAU POLITIQUE DE L'ALLEMAGNE, par SCHEFFER.

Tu videlicet flammeus, immo Fulmineus, qui in loquendo fulminas.....

(S. HYERON. Apolog. 2ª., adversus Ruffinum.)

MONSIEUR LE VICOMTE,

Vous voici donc encore une fois persécuté, et c'est ce qui peut arriver de plus heureux à celui qui veut occuper la multitude de ses doctrines et de sa personne. Mais quelque disposé que l'on soit à vous croire sur parole, la vente *publique* de votre Proposition du 23 novembre, prouverait que MM. *Didot*, imprimeur de la Chambre des Pairs, et *Lenormant, votre imprimeur*, n'auraient pas couru plus de danger à publier cette accusation, que *J.-G. Dentu*, *assez hardi* pour imprimer la proposition d'un Pair de France.

Quand vous crûtes devoir jeter ce nouveau brandon de discorde, plus de dix jours s'étaient écoulés depuis que la Chambre des Députés avait écarté solennellement la plus grave des dénonciations comprises au nombre de vos *documens généraux*, et vous saviez qu'un jugement du tribunal de *Figeac* venait de faire justice (14 novembre) de l'allégation la plus étrange et la plus perfide contenue dans cette dénonciation. Il semble que deux autorités aussi respectables auraient dû vous mettre en garde contre toutes les autres assertions dont vous aviez consenti à vous rendre l'organe bénévole ; et on s'étonne de voir un aussi bon citoyen que vous, Monsieur, s'obstiner, le 2 décembre, à publier une *Proposition* rejetée, dix jours avant, par la Chambre des Pairs.

Si vous n'aviez d'autre but alors, comme

vous l'assurez (page 37), que d'empêcher que les délits que vous aviez dénoncés ne se renouvelassent à l'avenir, vous pouviez, je crois, vous reposer sur la publicité donnée aux accusations, dans la Chambre des Députés, sur la multitude des journaux qui avaient fait connaître votre *Proposition*, et même sur la sévérité que vous nous annoncez (page 16) avoir été exercée par la police sur ses propres agens. Vous glissez sur cette dernière circonstance très-importante qui éclairerait l'existence des délits, et qui nous apprendrait si le ministère avait devancé vos plaintes, en sévissant contre les coupables.

Ne vouliez-vous, Monsieur, que saisir une occasion de dire que vous ne vous plaignez point des *libelles* qu'on imprime tous les jours contre vous, et que vous trouvez très-bon qu'on vous attaque, *quoique vous ne puissiez vous défendre?* Plût à Dieu, monsieur le Vicomte, qu'on puisse admirer votre modération comme depuis long-temps on admire votre talent ! Mais, appelez-vous *libelles* les écrits où l'on essaie de combattre vos assertions ? Et regarderons-nous comme une victime désarmée l'écrivain qui peut impunément attaquer la *Charte française*; y commander des changemens au moment où le Roi déclare qu'elle est immuable; traduire dans un sens opposé les propres expressions du Monarque; nous annoncer de grands malheurs, si le Gouvernement ne se met pas en tutelle; outrager presque tous les colléges électoraux; jeter les plus fortes suspicions sur les Députés élus, et enfin accuser de *haute trahison* le Ministère (p. 35)?

Assurément on agit très-noblement quand on dédaigne de répondre à des *libelles*; mais il faut se donner tout le mérite de ce généreux silence, ne point alléguer des entraves chimériques, et ne point se plaindre de *ne pouvoir se défendre*, quand on use si largement du *droit d'attaquer*. Que diriez-vous, Monsieur, si, au lieu de cette protection dont vous supposez l'existence en faveur des *Réponses* qui vous sont adressées, on vous prouvait que leur insertion au *Journal de la Librairie* est formellement interdite, et que cette simple prohibition suffit pour que les journaux ne puissent les annoncer? Mais, que parlé-je de vous prouver un fait que vous connaissez mieux que nous, et que vos amis ont provoqué, malgré leurs anciens principes ? A Paris, comme à Rome, les brochures ne peuvent se soustraire à leur sort : *Habent sua fata libelli.*

Avant d'examiner votre *Proposition*, Monsieur, qu'il me soit permis de distinguer entre *une proposition* et *une opinion*. La publicité des *opinions* est garantie par la Charte et par la loi. Mais les précautions prises par les articles 20 et 21 de cette même Charte contre la publicité des *Propositions*, ne tendraient-elles pas à établir une différence entre deux actes qui, au premier abord, semblent avoir tant d'analogie, surtout quand ils procèdent des membres de l'une des deux Chambres ?

Les *Propositions* se trouvent, par leur nature, indépendantes des *Projets* soumis publiquement à la discussion des deux branches de la puissance législative ; et il se pourrait que, sans violer la Charte et les lois, on se crut autorisé, dans de certains cas, à couvrir la *Proposition* d'un individu du même voile que la *Charte* étend sur la *Proposition* des Chambres même.

Je ne soumets qu'avec une juste défiance cette question à vos lumières; mais, de grâce, n'attendez pas que le gouvernement l'ait résolue, pour nous en donner une solution toute contraire. Je ne regarde pas votre huitième chapitre *de la Monarchie selon la Charte* comme une réponse définitive à cet égard.

Il est évident, Monsieur, que, tout en professant le respect dû aux décisions de la Chambre des Députés, vous vous élevez contre elles; car, pourrait-on regarder comme *valables des élections qui n'auraient point été libres?* La Chambre, proclamant la légalité des élections, en a nécessairement reconnu la liberté. Elle est juge souveraine en cette matière. Où s'arrêteront les prétentions, les passions, la calomnie, les doutes insultans sur la légalité de la Chambre elle-même, si, sur un fait de cette nature, chaque individu a le droit d'appeler de sa sentence *à l'opinion publique* que vous placez *au-dessus des jugemens légaux* (p. 37)?

C'est ce que vous avez cru pouvoir *et devoir* (p. 37), en rappelant à la Chambre des

Pairs qu'elle ne pouvait rester tranquille spectatrice d'un *délit qui attaque nos constitutions* (c'est *notre Constitution* que vous avez voulu dire) *dans leurs fondemens* (p. 2).

Ainsi, vous créez un *délit* là où les Chambres déclarent qu'il n'existe pas ; et vous appeléz au public du jugement des trois branches de la puissance législative. L'époque la plus malheureuse de notre révolution offre quelques exemples de ce funeste emploi de l'imprimerie (1). Les amis du Roi, de son auguste Famille, et de la Charte constitutionnelle, ne pourraient que gémir amèrement de voir aujourd'hui de tels exemples se renouveler.

Et pour vous déterminer à braver ainsi toutes les convenances, pour réclamer si hautement contre des vexations dont aucun procès-verbal des Colléges électoraux ne fait mention, pour voir *partout* ce que le Roi et les Chambres n'ont vu *nulle part*, vous aurez donc, comme Saül, été renversé, sur le chemin de

---

(1) *Marat et le Père Duchesne*, d'horrible mémoire, ne faisaient pas autre chose. Votre intention n'est assurément pas de les imiter

Damas, par un torrent de lumière précipité du Ciel : *Et subitò circumfulsit eum lux de cœlo copiosa : et cadens in terram.....*

Jetons donc les yeux sur cette masse de *documens* qui ont afflué chez vous, sur celle du moins que vous consentez à communiquer aux *profanes ;* car messieurs les Pairs n'ont pas assez bien mérité de vous (p. 38) pour être *initiés* dans ce mystère : et le public que vous prenez pour juge, est moins digne encore de participer à cette mystique révélation.

Cette masse occupe cinquante pages de votre brochure, qui en contient en tout quatre-vingt-huit.

Nous voyons que vous avez au moins quatre-vingt-huit pièces manuscrites (V. n°. 2); il est vrai que sous le n°. 49 (4), vous conservez une circulaire que tous les journaux ont publiée, et que vous indiquez, sous un même n°. 67, les deux pièces cinq et treize, fort étonnées d'être ensemble.

Quoiqu'il en soit, vous nous révélez donc quinze pièces, dont cinq seulement ne nous étaient pas encore connues : tout le reste ayant été publié par les journaux.

Sur les cinq pièces inédites, il y a deux plaintes de deux Députés de 1815, non réélus en 1816, et une ampliation de la plainte des quarante-huit électeurs du Lot, signée par quarante-un individus. Vous additionnez fort bien, et vous comptez quatre-vingt-neuf signatures. Mais, Monsieur, sans disputer sur la réalité de ces signatures, sans rechercher si des signataires de la première dénonciation ne figurent pas dans la seconde, sans vérifier si tous ces signataires sont électeurs, s'ils appartiennent tous au Collége dont ils attaquent les opérations, j'oserai vous demander quel est votre caractère, pour que cette dernière pièce vous ait été confiée au détriment de la Chambre des Députés ? De quelle nature est cette magistrature qui s'élève entre les citoyens et le Gouvernement ? *Quis te constituit principem et judicem super nos....?* (Exode.) Ne serez-vous que le greffier, l'archiviste de votre *cabinet des enquêtes*, ou venez-vous, comme *Saavedra*, fonder au milieu de nous *le Saint-Office*, et vous créer *Grand-Inqui-*

siteur ? Quoi ! Monsieur, vous pourrez recueillir en silence des *documens*, les déposer chez le notaire, n'en permettre la communication *qu'en vertu d'une autorisation de votre main ;* choisir ceux que vous voudrez publier, en accabler vos victimes malgré le Gouvernement et la puissance législative, et multiplier ainsi, chaque jour, et à votre gré, des éditions revues et augmentées de vos *Martyrs !* Et comme vous élevez autel contre autel, si les agens du ministère apportent le même zèle que vous, voilà les Français réduits à choisir seulement sous quelle hache ils doivent tomber. Les lois et l'autorité seront un vain refuge; plus d'asile pour les citoyens : échappés aux fureurs des anciens Jacobins, ils ne pourront se soustraire aux recherches, aux tortures des nouveaux *Dominicains*.....

Et ne dites pas que ce sont ici de vaines alarmes, et que, comme vous, Monsieur, je me plaise à combattre un vain fantôme ! Dès le début, vous nous retracez la procédure du *Saint-Office*. Indépendance du gouvernement, secret dans les documens, dénonciations admises comme des preuves, délit reconnu et spécifié avant tout examen, criminels signalés à la vindicte publique avant d'être entendus, accusateurs, témoins, juges inconnus, et tous affiliés à une même association; je vous le demande, est-ce assez pour appeler sur votre tentative les regards des hommes exercés à réfléchir, et à grossir le patrimoine du présent de tout l'héritage légué par les temps passés ?

Mais, j'ai parlé de témoins inconnus. Que diront donc M. *l'avoué licencié Calmejane*, et M. Je, *Jean-François de Saunhac de Belcastel*, premier vicaire-général, président du chapitre de Cahors? Le *licencié* qui *se signe* (p. 83), et le *grand vicaire* qui cause avec des électeurs, que *le plaisir de le voir* conduisent chez lui (p. 81), seront à jamais des témoins illustres et irrécusables, surtout quand les *Saumaise* futurs auront découvert comment des signatures faites à *Cahors*, ont été légalisées à *Cahors* par l'adjoint du maire de *Larille*. Tout est mystère dans les œuvres de l'Inquisition.

M. l'abbé de *Saunhac* déclaré être *par-*

faitement convaincu que *la très-grande ma-jorité* des Electeurs du Lot, *laissés à leurs propres et véritables sentimens ,* COMME DANS *l'entière liberté de leur choix,* EUSSENT (je ne change rien aux expressions de M. le vicaire-général) réélu leur quatre Députés à la dernière Chambre. Malgré cette assertion respectable, je doute encore qu'*une très-grande majorité* de Français *eussent* la faiblesse de se laisser dicter des choix contraires *à leurs propres et véritables sentimens ,* et je laisse aux Electeurs du Lot à s'expliquer à cet égard.

Quant au *licencié Calmejane,* il avoue que *cela ne le regardait pas;* il se fâche néan-moins que le préfet lui ait répété la même chose (p. 83). C'est le Collége d'arrondisse-ment qu'il représente assiégé par une réunion de Jacobins (1), et il finit par ces mots : *en*

____

(1) L'amnistie prononcée par le Roi est violée par ceux qui reproduisent des qualifications qu'il veut ou-blier. Il n'y a que deux espèces de Français : ceux qui obéissent aux lois, *et ceux qui se révoltent contre elles.* Ces derniers sont trop peu nombreux pour qu'il soit besoin de recourir à des tactiques usées pour les signaler et pour les atteindre.

foi de quoi me suis signé. Allez, après cela, vous inscrire en faux.

Monsieur le Vicomte, quand on fait un roman, de tels matériaux sont plus que suffisans pour le bâtir, surtout quand on peut, comme vous, le revêtir de magniques ornemens. Mais il n'y a qu'un tribunal extraordinaire et d'exception, capable d'admettre de pareilles billevesées comme bases de ses jugemens, et de sévir, sur de si faibles indices, contre des accusés qu'il aurait négligé d'entendre.

Cependant ces n°s. 13 et 14, ou, si vous voulez, 67 et 60 de vos *documens*, et datés du 26 octobre, sont insérés là pour fortifier la *nouvelle protestation* signée le 11 octobre par quarante-un électeurs du Lot, et déposée dans votre *cabinet des recherches*. Cette protestation ne fait que retracer les allégations contenues dans la première dont la Chambre des Députés avait fait justice, si ce n'est qu'elle suppose gauchement monsieur le Colonel de la gendarmerie, mis *aux arrêts* (pag. 85) par des autorités civiles du département, ce qui ne peut pas être; et qu'elle attribue cette consigne au désir *d'avoir la force armée à leur disposition*, ce qui est absurde : car il ne peut être ici question que des *arrêts simples*, et non pas des *arrêts de rigueur*, qui seuls empêchent un officier de faire son service et de commander sa troupe.

Parlerons-nous de l'accusation intentée contre certains électeurs, pour *leur conduite à la comédie?* Il le faut bien, puisque la pièce justificative n°. 15-59 *bis* n'a pas dédaigné ce moyen pour invalider les élections. Ou le fait cité est entièrement faux, ou il est attribué sans preuve à des électeurs, ou le commissaire de police a dû réprimer les brouillons assez extravagans pour s'opposer *au chant d'une cantate* que tous les autres spectateurs devaient entendre avec enthousiasme. Mais quel rapport entre la *comédie* et les colléges électoraux? Ceux qui sont attachés au Roi et à la patrie, qui sont pénétrés de l'importance et de la gravité des fonctions d'électeurs, ne peuvent y en découvrir aucun.

Dans la première dénonciation, celle des

quarante-huit, on voit avec regret, que, lorsque quatre-vingt-quinze électeurs ont *le courage* de voter, plusieurs autres n'aient pas osé se réunir à leurs collègues, parce que le préfet et le sous-préfet *veillaient* ceux qui entraient; ce qui suppose ceux-ci, ou déjà morts, ou au moins dangereusement malades.

M. le marquis de *Clermont-Mont-Saint-Jean* et M. de *Forbin* s'étant adressés à la justice et au gouvernement, nous n'anticiperons pas sur le résultat d'une dénonciation individuelle; mais nous savons, du moins, que les faits dont se plaignent ces Messieurs, n'ont point paru à la Chambre des Députés de nature à faire annuler les élections de leurs départemens. On voit que, sur trois députés, *Seine-et-Marne* a réélu un de ceux de 1815, et que *Vaucluse*, n'ayant à élire que deux députés, a réélu M. le lieutenant-général marquis de *Causans*, de l'ancienne Chambre; ce qui ne prouve aucune exclusion contre les vrais serviteurs du Roi. Des personnes bien informées m'assurent que M. de *Liautaud*, dont la candidature avait enflammé M. *de Forbin*, est cependant parent et ami de ce dernier, et que le rang distingué qu'il occupe dans la maison militaire du Roi, et dans la même compagnie que M. *de Forbin des Issarts*, qui se trouve sous ses ordres, semblait devoir le garantir d'une attaque qui le représenterait comme attaché à une faction, et à d'autres intérêts qu'à ceux de la Charte et de la légitimité.

Au fait, quel est donc le désordre introduit dans les dernières élections, et qui menace nos institutions d'une subversion totale ? Parcourons les départemens *contre lesquels il vous reste, en manuscrit, un assez grand nombre de documens* (p. 38) (1).

Le département de l'*Ain* n'a élu que deux Députés. L'un d'eux est un noble de la Chambre de 1815 ; et l'autre est M. *Camille Jordan*, honoré de la confiance personnelle du Roi. (Voyez le Monitenr du 4 de ce mois.)

____

(1) Ces détails fastidieux sont néanmoins très-essentiels pour démontrer le néant de tout cet échafaudage de dénonciations que M. le Vicomte aurait peut-être repoussées lui-même si son génie s'était refroidi par cette analyse.

. L'*Aude* n'ayant que deux Députés à élire, a reporté sa confiance sur deux nobles de la dernière Chambre.

La *Corrèze*, réduite à deux Députés, a renommé un de ceux de 1815, et lui a donné pour collègue *M. le comte d'Ambrugeac*, dont vous ne suspecterez point le dévoûment à Sa Majesté.

'La *Nièvre*, également réduite à deux Députés, a réélu deux membres de la Chambre de 1815, au nombre desquels est M. le *marquis de Pracontal*. (M. *Hyde de Neuville* est en Amérique.)

Le *Pas-de-Calais* n'a réélu que M. le baron *de Blanquart-Bailleul*, au nombre de ses quatre Députés.

Quant aux départemens parcourus par les *commissaires-voyageurs*, le *Loiret* a réélu les trois nobles de 1815 ; la *Loire*, les trois nobles de 1815 ; la *Haute-Loire*, sur deux Députés, un noble de la dernière Chambre ; *Saône-et-Loire*, sur quatre, trois nobles de 1815 ; l'*Allier*, les deux Députés de 1815 ; les *Basses-Alpes*, réduites à une élection, l'un des deux Députés de 1815 ; le *Gers* a réélu M. le *comte de Castel-Bajac* (M. de *Grisony* n'a pas 40 ans) ; l'*Aveyron* a réélu MM. *de Clausel* et *de Bonnald*, malgré leur prétendue exclusion impérativement ordonnée ; le *Calvados*, réduit à quatre Députés, a réélu quatre nobles de la dernière Chambre ; la *Somme* a fait de même ; et le département de l'*Oise*, n'ayant nommé qu'un Député, a fait tomber son choix sur un noble d'une famille illustre.

Si parmi vos quatre-vingt-huit documens vous en aviez contre d'autres départemens, ces départemens auraient figuré dans votre nomenclature. On peut donc présumer que vous n'avez pu en attaquer que dix-neuf sur quatre-vingt-six ; et nous venons de voir que sur ces dix-neuf départemens, il n'y en a pas un seul (sauf la *Côte-d'Or* qui n'a point fait d'élections (1)) où les choix n'aient été

____

(1) J'ai hésité, à plusieurs reprises, à reproduire ici les expressions employées par M. de Châteaubriand. Je n'en pouvais croire mes yeux : mes souvenirs se reportaient involontairement sur tant de victimes échappées d'abord aux tribunaux même révolutionnaires, et

comme, en 1815, en sens inverse de la faction que vous dénoncez, de la puissance que
vous signalez, des intérêts révolutionnaires
dont vous proclamez le triomphe.

C'est encore une chose assez remarquable,
et qui prouve votre prédilection pour les tours
de force, que nous pourrions assurer que,
dans un temps d'anarchie, les dominateurs se

---

aussitôt *réaspirées* (il faut créer le mot) par le gouffre
de la mort. « Dijon, dit M. le Vicomte, a vu siéger
« des électeurs tout récemment *échappés* aux tribu-
« naux où ils avaient été traduits pour crimes *présumés*
« de trahison ».

Quoi, Monsieur ! les formes de la justice, la longue
agonie d'un accusé, d'un accusé par le gouvernement,
d'un accusé que l'erreur ou la prévention d'un juge
peut conduire au dernier supplice, ne vous semblent
pas suffisantes pour faire gémir un innocent ? *Avoir
été prévenu d'un crime* sera désormais un crime irré-
missible que ne pourra effacer l'absolution solennelle
des tribunaux ! L'accusé ne peut plus se reposer sur
le témoignage de sa conscience, ni sur les lumières
de ses juges : la société ne peut plus lui tendre les bras,
ni l'indemniser de ses souffrances. S'il est condamné :
« *Monstre*, lui crie-t-on, *va périr*. S'il est absous :
« *Infâme*, lui crie-t-on encore, *éloigne-toi, tu nous
» fais horreur, on t'a déclaré innocent...!* »

contenteraient de publier ces mêmes élections, pour dénoncer les dix-huit départemens comme des foyers du plus ardent royalisme. Les voilà donc bien malheureux, si des preuves si frappantes du plus pur dévoûment ne peuvent, sous le règne de notre Souverain légitime, les mettre à l'abri de votre inquisition et de vos anathêmes !

Ainsi, monsieur le Vicomte, sans nous être traînés sur votre *analyse*, augmentée de quatorze pages de déclamations, car elle se termine à la page vingt-quatre, nous avons apprécié la valeur des *documens* que vous avez publiés, qui sont nécessairement, à vos yeux, les plus décisifs dans cette affaire, et dont la connaissance émousse toute curiosité à l'égard de ceux que vous ne montrez qu'à vos amis (p. 38).

Si vous risquez encore plusieurs fois de faire tant de bruit pour si peu de chose, nous craignons qu'on ne se dépouille enfin de cet intérêt que votre nom attache aux productions de votre plume, et qu'on ne regarde le sommeil d'*Homère* comme plus long que celui d'*Epiménide*.

En effet, Monsieur, vous substituez partout des suppositions et des soupçons à des faits évidens, ou à des inconvéniens que vous déclarez vous même inévitables, et que vous n'avez point signalés lors des élections de 1815 (p, 28).

Vous citez encore l'Angleterre, et vous nous assurez qu'on y serait fort surpris, si, au moment des élections, les comtés recevaient des *avis* du magistrat de *Bow - Street* et de *Old-Bailey*. En effet, Monsieur, on ne voit pas quel rapprochement vous avez pu établir entre les ministres du Roi de France et le *bureau de Police de Westminster*, ou le tribunal de *Oyer - et - Terminer*, présidé par le lord-maire de Londres. Il est un peu leste à un Pair de France de ravaler ainsi les membres du Gouvernement français. Au surplus, Monsieur, ce ne sont pas les juges ou les constables qui envoient des *avis* aux comtés; vous savez combien le ministère anglais influe sur le choix des membres de la Chambre des Communes, et ce que les robustes Electeurs des comtés substituent aux avis, aux intrigues et aux insinuations. Il y a encore plus de di-

gnité à écrire qu'à boxer, à parler de son dévoûment que de sa vigueur, et à se louer
soi-même qu'à gourmer les autres. Nous n'a-
vons pas plus à imiter les Anglais, pour les
élections, qu'à désirer de voir nos ministres
imiter *Robert Walpole* qui se croyait obligé
de *corrompre* les élus, pour les faire *voter
selon leur conscience* (1). « Quel Gouverne-
« ment, dit *Hume*, que celui dans lequel le
« Monarque ne peut exercer son autorité que
« par la voie de la séduction qui n'admet au-
« cunes limites ! Quel Gouvernement dans
« lequel on verrait les partis naître de la Cons-
« titution ! »

A ne juger les circulaires que vous dénoncez, que par leurs expressions (et il faudra
bien en revenir tôt ou tard à cet usage), on
reconnaît que le ministère recommandait de
n'exclure des Colléges électoraux aucun de
ceux qui avaient *le droit de voter*, mais de
veiller, autant que possible, à ce que les

______

(1) Voyez page 12 de la Lettre du *Chevalier de l'Union*
à M. le vicomte de Châteaubriand. Chez *Plancher* et
chez *Delaunay*. 1816.

choix ne tombassent que sur les amis de la Charte et de la légitimité. Cette dernière recommandation se trouve mot à mot dans votre écrit de septembre, intitulé : *De la Monarchie selon la Charte.* Les ministres ont, pour ainsi dire, copié votre *post-scriptum* (1); et leur ferez - vous un crime d'avoir suivi un si parfait modèle ?

On peut lever des surveillances; on peut les lever toutes à la fois, c'est-à-dire, par suite d'un travail général dont les détails sont longs, minutieux, successifs, mais qui se termine, dans le cabinet ministériel, par une seule signature; on peut en appliquer le résultat à l'époque où des individus, non *illégalement* arrêtés (puisque la loi donnait à l'arbitraire la plus grande latitude), mais *injustement* sur-veillés, pouvaient trouver, dans l'exercice de leurs droits, une preuve de la sollicitude du gouvernement, un gage de son impartialité, et un motif de plus d'aimer sincèrement la personne sacrée du Roi. Si nous examinons les

---

(1) *Ne nommez que des hommes dont la vertu, la fidélité et les sentimens français vous soient connus.*

élections, et si nous contemplons la Chambre actuelle des Députés, nous serons portés à croire que ce but a été atteint, et que, comme vous le dites fort bien, pag. 28, *cette Chambre se montre digne de succéder à celle qui l'a précédée.*

Que parlez-vous de *la lie d'un peuple corrompu* par vingt-cinq années de révolution, à l'occasion des Colléges électoraux ? Comment placez-vous la *lie* du peuple français à la source même de sa représentation nationale ? Où sera donc l'*élite* de la nation, si les principaux propriétaires, si les plus forts contribuables n'en sont que la *lie ?*

Tous les orateurs semblent n'avoir qu'un texte : c'est toujours *la corruption du peuple* qu'ils signalent aux contemporains et à la postérité. *Le* TYPHUS *moral est dans les rangs les plus épais de la nation; le rapprochement des rangs a fait disparaître le cordon préservatif de la peste...* J'ignore si les salons que vous fréquentez sont, en effet, encore infectés de la corruption contre laquelle vous tonnez; mais il ne faut qu'ouvrir les yeux, pour voir partout le travail et l'industrie épu-

rant les mœurs, les parens toujours en pré-
sence de leur famille, la culture des sciences
et des beaux-arts substituée à l'ancienne oisi-
veté, l'amour de l'honneur, le prix attaché à
l'estime de ses semblables, la soumission aux
lois, sentimens et habitude que les hommes
ont puisés dans les camps, et dans ces longs
et pénibles travaux qui ne sauraient avoir de
plus douce récompense que la considération
publique. L'extrême et utile subdivision des
propriétés territoriales a placé la charrue dans
presque toutes les mains, et les tribus des
champs peuvent, aujourd'hui, prétendre à
l'honneur dont elles jouissaient à Rome, selon
que nous l'apprennent *Pline*, *Tite-Live* et
Varron. La jeunesse se nourrit d'études plus
fortes, plus substantielles ; les pères, s'ils sont
dépouillés de préjugés, voient avec joie croître
une génération d'hommes, et, portant en
même temps leurs regards attendris sur la
noble famille qui nous gouverne, ils ne déses-
pèrent ni de la gloire, ni du bonheur de la
patrie.

*On n'appaise pas, dites-vous, les pas-
sions comme on les soulève.* Mais après nos

douloureuses convulsions, croyez qu'on ne soulève plus les passions aussi facilement qu'on le voudrait, et qu'il n'y a rien à gagner pour celui qui remuerait le lévier. C'est la machine électrique qui pourrait foudroyer celui qui tenterait de nouvelles expériences.

Vous avez pu imprimer qu'on chantait *la Marseillaise* à Epinal, et que les élections se sont faites dans plusieurs *provinces* au cri d'*à bas les prêtres ! à bas les nobles !* Ni les *provinces*, ni les départemens n'ont pu être le théâtre d'un tel scandale, et c'était pour de semblables faits que vous auriez dû produire des pièces justificatives. Comme vous ne désignez aucune *province*, comme les *documens* produits par vous n'accusent aucune de ce cri séditieux, il est impossible d'appliquer cette allégation vague à aucune; et cette manière de promener la plus grave dénonciation sur toutes les têtes est très-commode, mais aussi très-perfide. Les comités révolutionnaires, les proconsuls de 1793, ont beaucoup fait usage de cette arme; mais il faut la laisser se rouiller dans la fange où l'a rejetée un gouvernement juste, fort et légitime. Autrement, il faudrait que les bourreaux ne fussent occupés qu'à décimer les peuples, ou que, comme cet officier suisse après la bataille, on fît enterrer pêle-mêle les mourans et les morts.

Un de nos plus célèbres généraux, au moment d'attaquer l'ennemi, disait aux guerriers qui l'entouraient : « Il y a de la victoire dans l'air. » Ne pouvez-vous pas vous écrier, Monsieur, en lançant un de vos écrits : « Grâce à moi, il y a de la terreur dans l'atmosphère ? » Si vous réfléchissez aux imprécations qui accompagnent la mémoire de tous ceux qui ont mêlé ce poison à l'air vital que respiraient les Français, vous renoncerez à un genre de célébrité dont on doit être peu jaloux quand on a, comme vous, tant de titres à la gloire, et tant de moyens de les multiplier.

Vous serez sobre dans l'emploi des grands mots *révolutionnaires , systéme abominable, haute-trahison.* Ces armes sont à deux tranchans; elles blessent souvent, et sans aucun avantage pour la société, la main qui les emploie.

Vous n'écrirez pas uniquement pour ceux

qui sont restés long-temps éloignés de la France; car, à quels autres lecteurs pourriez-vous espérer de persuader que les *royalistes* étaient *opprimés* sous Bonaparte? Sans doute, un royaliste qui aurait proclamé son dévoûment pour la dynastie des Bourbons, n'aurait joui d'aucune faveur, et le gouvernement impérial était de l'avis du publiciste *Paley*, et de l'inviolabilité proclamée par *Corneille*, qui enfantait *Cinna* sous le ministère du cardinal de *Richelieu*. Mais, comme la retenue la plus prudente a constamment arrêté la divulgation de cet honorable sentiment, Bonaparte, depuis nombre d'années, ne croyait pas avoir de sujets plus affidés que ceux qui étaient nés dans le sein des priviléges, et qui pouvaient parler, auprès de lui, d'antiques châteaux et de vieux parchemins. La fortune de *Pépin-le-Bref* et de *Hugues-Capet* souriait à son imagination, plus que celle d'*Annibal*, de *César* et de *Charlemagne*; et les vieux cliens de la royauté ne tardèrent pas à occuper, dans son cœur, la place des amis généreux du consul et de la patrie. Peut-être son ame, avide de conquêtes, n'avait-elle pas dédaigné celle des hommes justement ulcérés contre les excès de la révolution, et le succès dont il crut alors pouvoir s'applaudir, a singulièrement facilité les évènemens du mois d'avril 1814. Tous les lieux communs sur la prétendue oppression des royalistes pendant ce règne passager, seront démentis par notre histoire ; ils le sont déjà par nos archives et par nos almanachs. Cette classe, si persécutée, était déjà en 1813 en possession des plus grandes propriétés territoriales, et de tous les honneurs que dispensait Bonaparte. On peut dire la même chose du haut - clergé qui prêchait de parole et d'exemple une aveugle soumission, et qui en recueillait chaque jour la même récompense.

Rien n'est plus aisé que de toujours nous opposer le fantôme des *Bonapartistes*. Mais, de bonne foi, s'obstinera-t-on, pour éterniser les discordes, à donner cette qualification à ceux-là même qui, depuis douze ans, ne pouvaient pardonner à Bonaparte d'avoir déporté, sans jugement, plus de cent Jacobins ou prétendus tels ; d'avoir enveloppé le faisceau de la République sous le manteau impérial ; d'avoir rétabli minutieusement tous les usages de la royauté ; d'avoir déplacé à son profit personnel le mot de *souveraineté* ; de s'être prêté aux instances de tant de nobles qui ont afflué dans ses palais, briguant tons les emplois, même ceux dont la désignation ne pouvait s'allier à des noms aussi illustres qu'auprès des vieilles dynasties de l'Europe ; d'avoir enfin, sans le vouloir, sans doute, mais par la force irrésistible de ses nouvelles institutions, rappelé tous les regards vers l'antique famille qui avait donné les deux plus grands Monarques à la France. Qui méritent mieux la qualification de Bonapartistes, de ceux dont il repoussa, dont il désespéra les idées nouvelles et exagérées, ou de ceux qu'il rapprocha de lui, qu'il caressa, et dont il fit triompher les vieux préjugés ? Tel salon où l'on n'entend aujourd'hui que des anathèmes contre ce nom, raisonnait n'aguère d'expressions bien différentes. Il s'agissait alors, comme à présent, de dignités, d'emplois et de prétentions (1). On appelait, comme aujourd'hui, les rivaux

----

(1) *Aulicos, quorum inexplebilis esse solet cupiditas.* De Thou, fin du règne de Charles IX, et Montesquieu, Esprit des Lois, liv. 3, chap. 5.

du nom de Jacobins, de philosophes, d'idéo-
logues. Bonaparte regardait ces injures comme
utiles à son pouvoir; et tous les journaux du
temps sont un monument de la protection
qu'il accordait aux champions de l'autorité
absolue , champions dont beaucoup com-
battent, en ce jour, avec les mêmes armes,
mais sous une autre bannière : modernes *Con-
dottieri*, éternels partisans de la guerre, qui
savent se ménager dans les combats, mais qui
arrivent régulièrement au partage du butin
après la victoire.

Comment donc supposer qu'après des ha-
bitudes reprises par le peuple depuis quatorze
ans; après les titres rendus par la Charte à
l'ancienne noblesse; après l'affection que lui
témoignent le Roi et son auguste famille, qui
en ornent exclusivement leur cour; après les
faveurs de S. M., qui use journellement du
droit de *faire des nobles à volonté* (art. 71
de la Charte)(1); après la connaissance que
la nation a de la piété de la famille royale,

---

(1) Voici l'article 71 de la *Charte constitutionnelle.*
« La noblesse *ancienne* reprend ses titres. La *nouvelle*
« conserve les siens. Le Roi fait des *nobles à volonté;*
« mais il ne leur accorde que des rangs et des honneurs,

et de sa tendre sollicitude pour le clergé, on ose écrire qu'*en* 1816 *les élections se*

« sans aucune exemption des charges et des *devoirs* « de la société. »

On se demande si un homme annobli *hier* par le Roi fera partie de l'*ancienne* ou de la *nouvelle* noblesse ? Il ne *reprend* pas ses titres et il ne *conserve* pas ceux qu'il n'avait pas avant 1814. Il ne serait donc ni de l'*ancienne* ni de la *nouvelle*, il serait de *la plus nouvelle*, *ex novissimâ*; mais cela ne ferait pas le compte de l'annobli. Je ne doute pas qu'il ne se regarde comme aggrégé à l'*ancienne* noblesse, parce que le lustre qu'il vient de recevoir tire son origine du Roi, source antique et naturelle des annoblissemens. Mais l'*ancienne noblesse* partagera-t-elle son opinion ? Les plus grandes oppositions lui viendront de cette foule immense de nobles dont les pères ont acquis la noblesse à prix d'argent. Les familles illustres ne s'aperçoivent pas de ces petits mouvemens, de ces petits efforts pour gravir la montagne dont elles occupent le sommet. D'un autre côté, est-il puissance humaine capable de faire que ce qui a été n'ait pas été, et que ce qui est ne soit pas ? L'Évangile dit bien : « *Novissimi erunt primi, et primi novissimi* »; mais elle ne parle que des rangs assignés dans le banquet du Père de famille, et, à cet égard, la prédiction de Jésus-Christ se vérifie tous les jours. Mais Dieu lui-même ne peut vouloir que le lendemain ait devancé la veille, et qu'*aujourd'hui* soit *demain*. A Dieu ne plaise que je veuille en conclure et prédire que, lors-

*soient faites dans plusieurs provinces au cri d'*A BAS LES PRÊTRES! A BAS LES NOBLES !... En dépit de la Constitution, il faut être *privilégié* pour se permettre de pareilles assertions (1).

---

que toutes les familles françaises auront été annoblies (ce qui n'est ni absurde, ni impossible par la suite des siècles), les *annóblis*, depuis la Charte, formant une *troisième classe* de nobles, deviendront, tout naturellement, le *tiers-état* de la nation. La réalisation d'une telle idée est si éloignée de nous, qu'il est permis aux contemporains d'en rire. Mais ce qui n'est pas risible pour les *plus nouveaux* nobles, c'est qu'en se séquestrant de la *nouvelle* noblesse, ils tendent à augmenter son illustration. Les honneurs ne sont-ils pas considérés et prisés à raison de leur rareté ? Si le nombre des *nouveaux* nobles ne peut jamais s'accroître, tandis que le nombre des *anciens* se grossira journellement des *plus nouveaux*, après s'être déjà si fort augmenté de *tant d'usurpations* contre lesquelles les édits royaux de 1487, de 1696, etc. se sont vainement élevés, il est clair que la *nouvelle noblesse* de 1814 est réservée à un très-grand éclat *dans deux mille ans* d'ici, et ce sera l'orgueil de sa cadette qui lui aura procuré cet inapréciable avantage.... *Quod erat demonstrandum.*

(1) C'est sans doute un malheur, comme le dit M. de Châteaubriand dans *sa Monarchie, d'avoir à lire et à entendre bien des sottises.* Mais qui peut condamner

Mais parlez sans détour. Au lieu de ces vociférations barbares, des voix modérées n'auraient-elles pas tenté d'observer que quelles

---

un écrivain distingué à publier des *mensonges* au sein d'une nation qui n'aspire qu'après le repos et la vérité ? On conçoit qu'au sein de la guerre civile, les *Guises* et leurs adhérens aient cherché à fasciner les yeux du peuple par la promenade dans Paris de quarante drapeaux fabriqués, rue des Lombards, par ordre de la duchesse de Montpensier, supposés pris sur les troupes de *Henri IV*, et suspendus en trophées aux voûtes de *Notre-Dame*. (*Catherine de Médicis* avait déjà dit qu'une fausse nouvelle crue trois jours pouvait sauver l'État. On employait sa maxime pour le perdre.) On conçoit qu'alors les comtesses, marquises, baronnes et duchesses aient *loué toutes les fenêtres de la rue Saint-Antoine pour voir passer le Béarnais les mains liées derrière le dos.* On se peint leur fureur quand elles apprirent au contraire la *victoire d'Arques* remportée par le Roi de France.

Mais est-il raisonnable d'espérer de soulever encore les esprits, comme en 1593 ou en 1649, de vouloir encore écrire sur des drapeaux rebelles : *Regem nostrum quærimus*, au moment où le plus éclairé, le meilleur des Rois, la plus auguste famille nous sont rendus ; au moment où, pour jouir d'un triomphe complet et glorieux, le Souverain n'a besoin que de voir poser les armes à ceux qui affectent de ne vouloir s'en servir que pour une défense dont sa cause sacrée n'a plus besoin ?

que soient les lumières et le zèle de l'ancienne
noblesse, on pourrait la regarder comme suf-
fisamment représentée, ainsi que le clergé,
par *la Chambre des Pairs*, composée de plus
de deux cents membres, et susceptible d'être
augmentée au gré du Roi ?... n'auraient-elles
pas ajouté que, sans prononcer aucune exclusion personnelle contre un noble ni contre un
prêtre, il serait bon d'examiner si dans les
quatre-vingt-dix-neuf autres centièmes de la
Nation, il ne serait pas possible de découvrir
cent cinquante à deux cents Français assez
éclairés, assez dévoués, assez royalistes pour
entrer en concurrence avec les nobles et les
ecclésiastiques ? n'auraient-elles pas rappelé que
toutes les questions soumises à la Chambre
des Députés, ne sont pas toutes exclusivement
familières à la noblesse ; que les sources de la
prospérité du commerce pouvaient être dé-
couvertes par des commerçans, de l'agricul-
ture par des cultivateurs, des manufactures
par des fabricans ; que des jurisconsultes ne
sont pas étrangers à la confection de bonnes
lois, des publicistes à l'économie politique,
des médecins aux mesures de salubrité, aux
besoins des hospices, à l'amélioration de tous
les asiles ouverts à l'indigence ou refermés sur

le crime ; des financiers aux ressources de l'État, des négocians aux proportions à donner aux patentes et aux impositions indirectes, et des administrateurs, enfin, aux véritables notions sur l'administration intérieure, qui triompheraient des préjugés les plus déplorables sur la manutention des subsistances, et sur ces fameux greniers d'abondance qui prépareraient aux peuples le sort de *Tantale* affamé ?

Ce n'aurait point été outrager la noblesse que de soumettre avec candeur ces doutes aux Electeurs ; et quoiqu'ils n'y aient pas fait une grande attention cette année, quoique les étrangers, en lisant nos listes, puissent nous croire tous nobles et tous représentés par deux Chambres des Pairs, il serait affreux de travestir des avis aussi sages en outrages criminels et en cris séditieux.

Si cette espèce de *déplacement des votes* se consolidait sans exception, ce serait seulement alors, Monsieur, que notre Gouvernement représentatif pourrait devenir *la risée de l'Europe* (p. 31). Nous ne sommes point, en ce moment, descendus à cet état de dégradation, si nous consultons les feuilles étrangères, et si nous jugeons des sentimens de nos voisins par le vigoureux *Tableau politique de l'Allemagne* (1) que vient de publier M. *Scheffer.*

S'il vous était *permis* de répondre à ce que vous nommez des *libelles*, je prendrais la liberté, monsieur le Vicomte, de vous prier de nous citer une seule époque de notre histoire où la *noblesse* et le *clergé se soient interposés entre le peuple et le suprême pouvoir* (page 33). Le peuple, cette masse si méprisée par tant d'individus qui seraient encore dans ses rangs, sans l'effronterie avec laquelle leurs pères s'en sont échappés, le peuple a toujours eu à redouter ces fiers intermédiaires (*Voyez* la première Lettre du chevalier de l'Union, page 27.) qui ne l'invoquaient que dans leur félonie, qui ne l'armaient que pour combatre le Souverain, qui ne le soulevaient que pour dicter des conditions onéreuses à nos Rois, et qui le sacrifiaient après leurs capitulations outrageantes.

---

(1) Chez *Plancher*, rue Serpente, n°. 14, et chez *Delaunay*, au Palais-Royal.

Cette pièce est suivie d'une courte analyse de cet important ouvrage.

Il est vrai (et l'on ne peut assez admirer la crédulité de l'esprit humain) que les nobles et les prêtres n'en ont pas moins répété et fait croire qu'ils étaient les soutiens *exclusifs* du trône ; et les Princes, toujours élevés par eux, ont ajouté foi à cette imposture, en dépit de tous les matériaux de notre histoire. Je ne relève, ici, que l'inexactitude des faits que vous alléguez. Car, personne ne rend plus de justice que moi au dévoûment éclairé, et au noble désintéressement qui signalent aujourd'hui les membres de ces anciens ordres privilégiés.

Je sais, au surplus, ce qu'on doit attribuer à l'erreur, au malheur des temps, et, si vous voulez, à *l'utile ignorance des peuples* (1); mais, au nom de la Patrie, ne travestissons pas la vérité et ne l'habillons point avec des lambeaux ramassés par les passions. Le passé peut servir de leçon, mais non pas de modèle. Il a éclairé le Roi sur la rédaction de la Charte ; qu'il nous éclaire, à notre tour, sur la nécessité d'y obéir, et sur le bonheur de trouver enfin un tel abri après de si longs orages.

Vous aussi, Monsieur, vous nous criez :

______

(1) *Voyez* la première page du Mémoire en faveur de l'*Ordre de Malte.*

» la Charte, toute la Charte, sans arrière pen-
» sée, sans suspension, sans restriction »
(p. 33).

Cependant il n'y a pas trois mois que vous
nous disiez tout le contraire, et qu'après l'or-
donnance du Roi, vous proposiez hardiment
vos nombreuses restrictions. Jusqu'à quand
vous jouerez-vous de notre bonhommie, et
abuserez-vous de cet empressement auquel
vous nous avez habitués à rechercher vos productions? *Est modus in rebus.*

Après une restauration si pénible, après des
maux si difficiles à réparer, le Roi a-t-il un
trop grand nombre de sujets éclairés pour que
tous ne se fassent un devoir de concourir au
même but, et de combattre pour lui dans les
mêmes rangs? Des hommes de votre mérite
descendront-ils dans l'arène, comme des gla-
diateurs, à des époques terminées; ou, comme
les cochers des factions vertes et bleues, bri-
gueront-ils la triste gloire de diviser les citoyens,
et de faire couler le sang pour leurs querelles?

Un plus noble destin vous est réservé, et le
rang auquel la bonté du Roi vous a élevé exige
d'autres témoignages de votre reconnaissance.
En vain des enfans renouvelleraient, chaque

jour, à leur père les protestations les plus éloquentes d'amour et de vénération : quelle foi y ajouter, s'ils le fatiguent de leur censure, s'ils résistent à sa volonté, s'ils l'outragent dans ses affections, s'ils portent l'audace jusqu'à vouloir briser, dans ses mains, les instrumens qu'il emploie pour aider sa vue ou pour le soutenir dans sa marche ?

Le bonheur nous serait nécessaire, mais le repos nous est indispensable. Devenez l'appui de ceux qui veulent en jouir, et non le mandataire de ceux qui voudraient nous en priver. C'est une belle mission à remplir pour celui qui fait une nouvelle profession de foi (1), et à qui l'abjuration d'une dernière erreur ne peut que procurer une plus brillante auréole dans ce monde et dans l'autre......

Recevez, monsieur le Vicomte, le nouvel hommage de ma haute considération.

Le Chevalier de l'Union,
ÉCRIVAIN NON SOLDÉ.

Villeneuve-le-Roi, 18 déc. 1816.

---

(1) *Voyez* la *Préface* de la nouvelle édition des *Réflexions politiques* de M. de Châteaubriand. (Chez Delaunay.)

ANALYSE

DU

TABLEAU POLITIQUE

DE L'ALLEMAGNE,

Publié par M. C. A. SCHEFFER.

Dans un moment où la France, étonnée de son isolement, après avoir été le centre de tant d'alliances qui semblaient se disputer la gloire de concourir à son agrandissement, ne voit dans les autres peuples que des spectateurs attentifs à la manière dont elle supporte son infortune et cicatrise ses blessures, quel Français, ami de son pays, ne saurait gré à M. *Scheffer* de prouver dans son *Tableau politique de l'Allemagne*, non-seulement la nécessité, mais encore la possibilité d'une union intime entre la nation allemande et la nation française ?

Cette idée consolante est développée avec force par l'auteur, qui paraît bien connaître l'Allemagne, en bien apprécier la situation, et juger sainement des résultats indispensables que doit avoir l'opinion publique.

Après avoir exposé rapidement quel était l'*Empire germanique* avant la révolution française, et démontré que cette Confédération avait cessé d'exister dès l'instant où l'agrandissement de la Prusse avait fait écrouler entièrement l'édifice déjà ébranlé par les éternelles divisions entre les Electeurs, par l'opposition armée de plusieurs d'entr'eux à la maison de *Hapsbourg*, et surtout par l'établissement de la réforme qui partagea l'Allemagne en deux parties, M. *Scheffer* indique les causes des progrès rapides que les lumières de la civilisation ont faits en Allemagne, dans le dix-huitième siècle. La guerre de trente ans, la première dans laquelle le peuple combattit pour sa propre cause, la première aussi dans laquelle il développa un caractère national qui lui assura la victoire, produisit cet enthousiasme qui survit à la victoire, et qui se porte ensuite sur les affaires intérieures.

D'un autre côté, la division de l'Allemagne en un grand nombre de petits Etats dont les Princes avaient presque tous embrassé la religion luthérienne, hâta la civilisation. Ces Princes cherchèrent dans la protection donnée aux arts et aux finances, dans une plus grande liberté accordée à leurs sujets, un éclat qu'ils n'auraient pu trouver dans leur puissance. La liberté de la presse devint pour leurs Etats une source de prospérité, et paya richement l'asile qu'ils lui offrirent et qui lui était refusé partout ailleurs.

Les villes impériales, si favorables à la liberté individuelle, les universités si propres à propager les idées libérales que la lecture des anciens avait fait naître dans toute l'Europe, tout concourut à propager le patriotisme germanique.

Ce fut ainsi que tous les esprits éclairés se trouvèrent disposés à favoriser les améliorations que le commencement de la révolution française semblait promettre aux peuples. Quand les horreurs enfantées par les ennemis d'une sage liberté eurent dégoûté ces mêmes esprits des idées exagérées de républicanisme, il n'en éprouvèrent que plus ardemment le désir de se voir gouverner par une constitution libérale.

Ce désir s'irrita en Allemagne pendant les dix années qu'elle eut à gémir sous le même gouvernement militaire qui pésait sur la France, et qui, croyant ne pouvoir s'appuyer que sur le despotisme, avait autorisé tous les Princes, ses alliés, à détruire dans leurs Etats respectifs, toute constitution, tout simulacre de la liberté, et à y substituer hardiment un gouvernement militaire et absolu.

Tous ces souverains, enchaînés au char de leur protecteur, n'en auraient pu secouer le joug, si les peuples, préparés de longue main par le *tugenbund* (société secrète que Bonaparte avait poursuivie avec acharnement), ne les avaient, pour ainsi dire, contraints de briser leurs fers. Les détails contenus dans l'ouvrage, sur les *landvehrs* , sur les brillantes promesses arrachées à la reconnaissance des Souverains par le dévoûment héroïque de leurs sujets, sur les longues hésitations de ces mêmes Princes à tenir leur parole après le danger, sur les vœux non exaucés par le congrès de Vienne, sont remplis d'intérêt.

Le chapitre VI, sur la possibilité d'établir une *confédération germanique* , présente des idées très-nouvelles que M. le ministre d'Autriche, à la diète de Francfort, entreprendra probablement de combattre.

Enfin l'auteur, après avoir prouvé qu'il y avait conformité de principes entre la nation allemande et la nation française, puisque toutes deux veulent fortement un régime constitutionnel, conclut que c'est avec cette dernière nation que les Allemands désirent s'unir par les liens d'une alliance intime et durable. Il ne redoute contre une telle assertion ni les souvenirs laissés en Allemagne par le passage des armées françaises, ni les traces du séjour des troupes allemandes sur notre territoire. Il explique comment ces reproches, ne pouvant s'adresser aux nations elles-mêmes, cèdent bientôt à de plus justes considérations.

Il n'est pas aussi rassuré contre la politique de quelques princes qui ne confondent pas encore l'intérêt de leurs peuples avec les leurs; mais il espère dans la puissance de l'opinion publique à l'influence de laquelle les gouvernens se sont toujours bien trouvés de céder avec grâce et avec noblesse.

Le chapitre X, qui termine l'ouvrage, demande si l'Allemagne aura une révolution; et cette question est résolue d'une manière à faire présumer que les souverains ne tarderont pas à imiter la sagesse du Monarque français, et à combler les vœux de leurs peuples, dont l'élan généreux et les immenses sacrifices sont dignes du bienfait auquel ils attachent un si grand prix.

FIN.

www.ingramcontent.com/pod-product-compliance
Lightning Source LLC
Chambersburg PA
CBHW061320060726
47596CB00003B/994